SUN TZU
EL ARTE DE LA GUERRA

TIKAL

Dirección editorial: Isabel Ortiz
Textos: Giorgio Bergamino, Gianni Palitta
Traducción: Herminia Bevia
Corrección: Carmen Blázquez
Búsqueda de imágenes: Giorgio Bergamino
Diseño y maquetación: Rocío Cuenca
Diseño de cubierta: Roberto Uriel Herrera
Preimpresión: Natalia Rodríguez

© SUSAETA EDICIONES S. A
Tikal Ediciones, S.A.
C/ Campezo, 13 - 28022 Madrid
Tel.: 91 3009100
general@susaeta.com
www.susaeta.com

SUMARIO

▼ *Fragmento del libro de Sun Tzu*
El arte de la guerra *escrito sobre*
cañas de bambú.

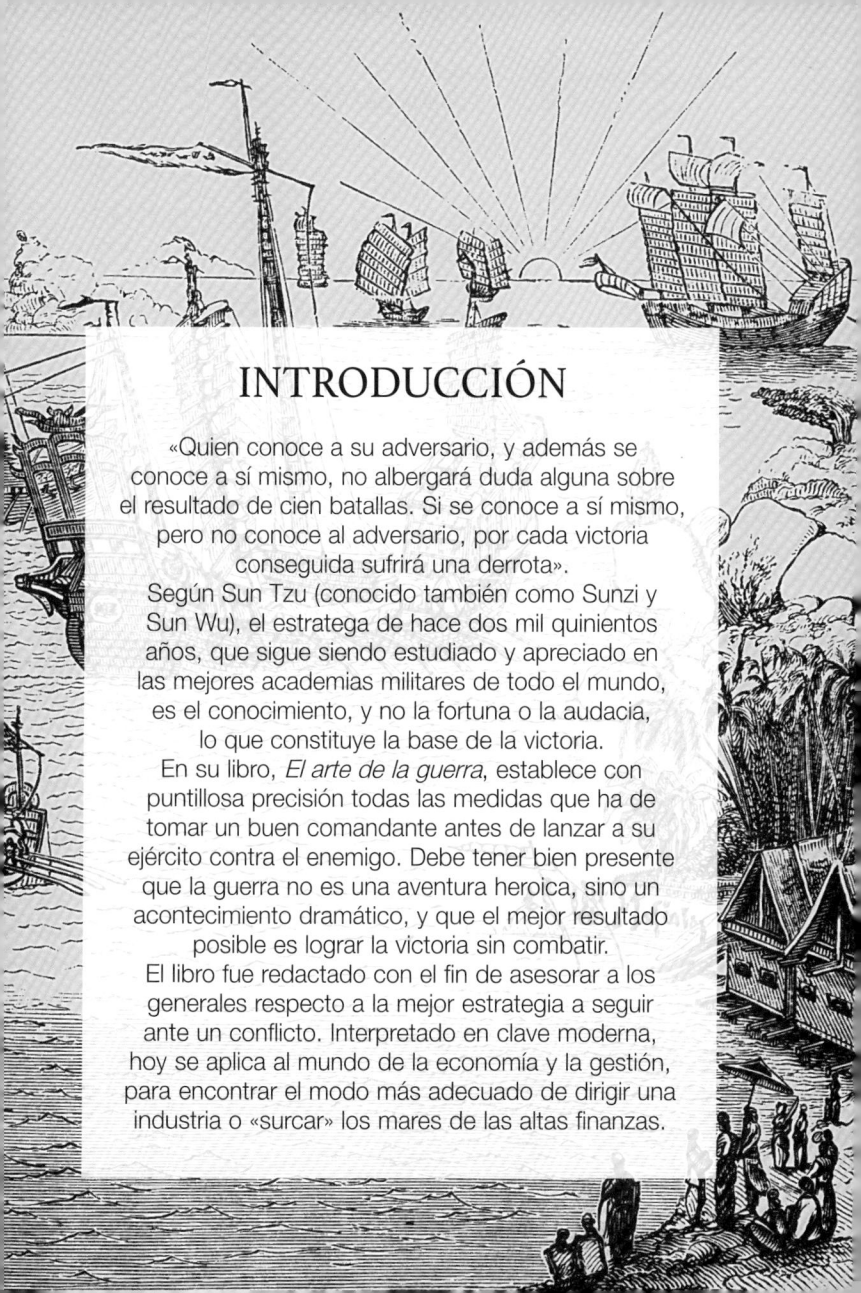

INTRODUCCIÓN

«Quien conoce a su adversario, y además se conoce a sí mismo, no albergará duda alguna sobre el resultado de cien batallas. Si se conoce a sí mismo, pero no conoce al adversario, por cada victoria conseguida sufrirá una derrota».

Según Sun Tzu (conocido también como Sunzi y Sun Wu), el estratega de hace dos mil quinientos años, que sigue siendo estudiado y apreciado en las mejores academias militares de todo el mundo, es el conocimiento, y no la fortuna o la audacia, lo que constituye la base de la victoria.

En su libro, *El arte de la guerra*, establece con puntillosa precisión todas las medidas que ha de tomar un buen comandante antes de lanzar a su ejército contra el enemigo. Debe tener bien presente que la guerra no es una aventura heroica, sino un acontecimiento dramático, y que el mejor resultado posible es lograr la victoria sin combatir.

El libro fue redactado con el fin de asesorar a los generales respecto a la mejor estrategia a seguir ante un conflicto. Interpretado en clave moderna, hoy se aplica al mundo de la economía y la gestión, para encontrar el modo más adecuado de dirigir una industria o «surcar» los mares de las altas finanzas.

SUN TZU – EL ARTE DE LA GUERRA

LA EVALUACIÓN

La decisión de declarar una guerra debe ser tomada por el poder político con mucha atención, tras haber sopesado y descartado todas las demás hipótesis, porque un conflicto armado, si se pierde, puede conducir a la ruina de un Estado y al fin del propio líder. Sobre todo, la decisión ha de ir precedida de un exhaustivo análisis de los puntos fuertes y débiles de ambos bandos, y solo en caso de que existan esperanzas fundadas de victoria debe iniciarse la guerra. Esta valoración se basa en cinco elementos: el Tao, es decir la confianza existente entre el soberano y su pueblo; el Cielo, es decir el *yin* y el *yang* y todas las características climatológicas vinculadas a las estaciones; la Tierra, es decir el estudio del territorio sobre el que se combate o que se ha de atravesar; los generales, con su preparación y experiencia; y, por último, el nivel de disciplina de los soldados. Una vez adoptada la decisión, es vital engañar al enemigo. Todo medio es lícito para hacerle caer en trampas, en especial la invitación de Sun Tzu a los generales para que recurran a la sorpresa: «Atacar cuando no estén preparados y avanzar por el punto por donde no os esperen».

1. La guerra es de suma importancia para el Estado: es en el campo de batalla donde se decide la vida o la muerte de las naciones, y donde se traza el camino de la supervivencia o de la destrucción. Luego es indispensable planificarla a fondo.

2. Estudiad por tanto los aspectos fundamentales mediante los siete criterios de evaluación. Así nos será posible definir nuestra estrategia.

3. El primero de los elementos fundamentales es el Tao; el segundo es el Cielo; el tercero es el terreno; el cuarto es el mando; el quinto es la doctrina.

4. Por Tao entiendo todo aquello que induce al pueblo a estar en armonía con sus jefes, en la vida y en la muerte, incluso desafiando peligros extremos.

5. Por Cielo entiendo la acción conjunta de las fuerzas naturales: el frío en invierno, el calor en verano.

6. Por Tierra entiendo la distancia, y si el territorio a recorrer es de tránsito fácil o arduo, amplio o restringido, y las posibilidades de supervivencia o de muerte que ofrece.

7. Por mando entiendo la sabiduría, la rectitud, la humanidad, el coraje y la severidad del general.

8. Por doctrina militar entiendo la organización y el control, el número de oficiales adecuados a su rango, es decir la jerarquía, y la gestión de los medios de subsistencia necesarios para el ejército, es decir la logística

9. No puede ser general quien no conozca los cinco elementos fundamentales. Aquel que los domina, vence; quien no se atiene a ellos es destruido.

10. Por ello, antes de actuar en cualquier plano, es preciso examinar los elementos mencionados, sopesándolos con mucho cuidado.

11. Para evaluar una situación hay que tener respuesta a las siguientes preguntas: ¿Qué soberano posee mayor Tao? ¿Qué comandante es el más hábil? ¿Para qué ejército constituyen una ventaja los elementos naturales y el terreno? ¿Qué ejército está mejor preparado y disciplinado?

12. ¿Qué ejército cuenta con los oficiales y soldados mejor adiestrados?

13. ¿En qué ejército se dispensan recompensas y castigos con mayor lucidez?

14. Sabiendo esto es posible prever qué bando saldrá victorioso y cuál será destruido.

15. Aseguraos los servicios de un general que sepa aplicar de modo integral los conceptos estratégicos que indico, ya que será quien tenga la victoria en sus manos. Por el contrario, destituid al general que se niegue a hacerlo: casi con seguridad será derrotado.

16. Una vez analizada la situación para valorar sus ventajas, el general debe crear las circunstancias que contribuyan a que alcance su objetivo, desplegando sus tropas del modo más apropiado.

17. Al decir crear las circunstancias, entiendo que debe acometer con rapidez aquello que le resulte

▲ *Las rápidas incursiones de los nómadas de la estepa creaban no pocos problemas, incluso a ejércitos más organizados, por lo imprevisible de sus acciones y la imposibilidad por parte de los comandantes de organizar una defensa inmediata.*

ventajoso y asumir el control de la operación militar en su totalidad, organizando los movimientos tácticos adecuados.

18. En todas las guerras, las estratagemas son fundamentales.

19. Por consiguiente, de tener capacidad, fingid incapacidad; si se realizan actividades, fingid inactividad.

20. Si se trata de atacar un lugar cercano, simulad que se parte para una larga marcha; si el lugar es lejano, simulad que se está ya cerca del objetivo.

21. Ofreced al enemigo una vía de escape para atraerlo; fingid desorden entre la tropa y golpeadlo.

22. Cuando se vea al enemigo preparado, preparaos contra él; pero evitadlo allí donde sea fuerte.

23. Irritad a su general y desorientadlo.

24. Simulad inferioridad y potenciad la arrogancia en el enemigo.

25. Mantenedlo bajo presión y desgastadlo.

26. Cuando el enemigo esté unido, dividdlo.

27. El secreto para generar divisiones internas radica en el arte de suscitar los siguientes cinco focos de tensión: disensión entre los habitantes de la ciudad y los del campo; disensión respecto a otros países; disensión interna; disensiones que tengan

como consecuencia la condena a muerte; y disensiones cuyo resultado sean premios y recompensas. Estas cinco clases de disensión son ramas que parten de un mismo tronco.

28. Por disenso en la ciudad o la aldea entiendo aquello que ofrece un medio de propagar entre la población que sois enemigos de quienes la mantienen sojuzgada, y convertir a esta en una aliada a la que recurrir en caso de necesidad.

29. Llamo disenso respecto a otros países el que permite poner a nuestro ocrvicio a los oficiales del ejército enemigo.

30. Por disensión interna entiendo todo aquello que vuelva en nuestro favor la falta de acuerdo que pudiera haber entre aliados, entre diferentes cuerpos militares o entre los oficiales que sirven en el ejército enemigo.

31. El disenso de la condena a muerte es aquel por medio del cual se intenta, a través de rumores tendenciosos, poner bajo sospecha a la corte del soberano enemigo y a los generales que le sirven.

32. El disenso premiado es aquel que se obtiene con grandes recompensas, entregadas a quienes han dejado de estar al servicio de su legítimo soberano y

se han pasado a nuestro bando, sea para combatir o para desempeñar algún otro cometido menos esencial.

33. Atacad al enemigo donde no esté preparado, efectuad descubiertas con las tropas en momentos inesperados.

34. Estas son las claves estratégicas de la victoria. Su preeminencia es indiscutible.

35. No comuniquéis a nadie el propio despliegue ni la estrategia que vais a adoptar.

36. Si la valoración llevada a cabo por el Consejo de Sabios antes del comienzo de las hostilidades fue favorable, es que los cálculos han demostrado que la fuerza propia es superior a la del enemigo. Si la evaluación indica, por el contrario, una derrota, es porque las propias fuerzas son inferiores a las del enemigo.

37. Solo evaluándolo todo con exactitud es posible vencer, con valoraciones ingenuas se pierde. ¡Exiguas son las posibilidades de éxito de quien no hace ningún cálculo! Con los principios que he enunciado, valoro la situación: el resultado habla por sí mismo.

▼ *Yue Fei (segundo personaje por la izquierda) en una pintura de Liu Songnian (1174-1224). El general combatió para la dinastía Song contra los ejércitos jurchen de la dinastía Jin.*

LOS PREPARATIVOS

En primer lugar, cuando se ha de afrontar una guerra es preciso calcular los recursos económicos con los que se cuenta y, en función de ellos, la entidad del ejército y la duración de las operaciones. El primer consejo que ofrece Sun Tzu es no pensar siquiera en la posibilidad de un enfrentamiento si no se dispone de recursos suficientes. Esta observación puede parecer una obviedad, pero no lo es si se piensa en la cantidad de ocasiones en las que un rey o un gobernante han elegido el camino del conflicto por puro aventurerismo, o por una concepción caballeresca o romántica de la guerra. Una vez obligado a entrar en combate, no obstante, será necesario actuar con la mayor celeridad posible, sin agotar a las fuerzas ni exprimir a la población con impuestos, que a la larga se vuelven insoportables y debilitan esa confianza que debe existir entre el soberano y su pueblo, indispensable para la victoria. Cuanto más se prolongue el conflicto, tanto más se alejará el sueño de obtener un triunfo sobre las fuerzas adversarias, porque una victoria conseguida a un elevado precio, al final no es una victoria. Se recomienda por tanto a los generales que exploten todos los recursos (armas, víveres) que el enemigo abandona en el campo de batalla, siguiendo el principio por el que se destruye al adversario y se refuerza el ejército propio.

1. En general, para las operaciones bélicas se precisan un millar de carros de combate veloces tirados por cuatro caballos, un millar de carros de transporte cubiertos y cien mil soldados.

2. Cuando el aprovisionamiento se realiza a lo largo de un millar de *li*, los gastos en casa y en el campo de batalla, los estipendios para el mantenimiento de consejeros y visitantes, el coste de materiales como la cola y la laca, el de los carros y las armaduras, alcanzan el millar de piezas de oro al día. Si se dispone de ellas, se pueden reclutar cien mil soldados.

3. Lo que da valor a la guerra es la victoria. Cuando la guerra dura demasiado, las armas se mellan y baja la

moral. Cuando las tropas asedian demasiado tiempo una ciudad, sus fuerzas se agotan de pura tensión.

4. Cuando el ejército enemigo combate a demasiada distancia, los recursos del Estado dejarán de ser suficientes.

5. Con las armas despuntadas, el ardor aplacado, las fuerzas exhaustas y el dinero volatilizado, el vecino puede aprovechar la oportunidad para sacar ventaja de nuestra tribulación y lanzarse contra nosotros. Aunque contemos con sabios consejeros, no podremos cambiar la situación a nuestro favor.

6. He visto muchas guerras-relámpago mal conducidas, pero jamás he sabido de una operación militar hábilmente planeada que durara largo tiempo.

7. Tampoco he visto guerras prolongadas de las que algún país sacara provecho.

8. Quien no ha conocido a fondo los daños de una guerra no sabrá siquiera evaluar correctamente las ventajas que puede traer consigo.

9. El general experto no tiene necesidad de una segunda recluta forzosa, ni de un segundo envío de aprovisionamientos.

10. El general experto se equipa en su patria, pero se aprovisiona a expensas del enemigo. Así, a su ejército jamás le faltarán víveres.

11. El transporte a larga distancia del aprovisionamiento necesario para las operaciones

Estatuilla de un ▶ guerrero a caballo protegido por la coraza propia del periodo de la dinastía Wei, fundada por Cao Cao en 216 durante el periodo de los Tres Reinos.

militares empobrece a los Estados: llevar lejos carros y víveres reducirá al pueblo a la miseria.

12. Donde aparece un ejército, los precios suben. Si los precios suben la riqueza del pueblo disminuye. Cuando esa riqueza se agote, la presión fiscal se hará insoportable para los ciudadanos.

13. Con la tesorería exangüe, el Estado aumenta los impuestos. Bienes y recursos se desvanecen, y el país padece hambre. Los ciudadanos pierden las siete décimas partes de sus bienes y el gobierno las seis décimas partes de sus ingresos.

14. Los gastos que el Estado deberá mantener para reparar o sustituir los carros dañados, recuperar los caballos exhaustos, las armaduras, los yelmos, las flechas, las ballestas, las lanzas, los escudos y corazas, los animales de tiro y los carros de transporte equivalen al sesenta por ciento del total.

15. Así pues, un general experto y avezado, se las compondrá para dar de comer a sus tropas con alimentos arrebatados al enemigo, ya que una carga de alimentos arrebatados al enemigo vale lo que veinte propias; un cesto de forraje enemigo vale lo que cien propios.

16. Lánzate contra el enemigo con ardor.

17. Saquea los recursos enemigos y divídelos entre las tropas como justa recompensa.

18. Cuando en un combate entre carros se capturen carros enemigos, premia al primero que capture diez.

19. Sustituye las banderas y los estandartes enemigos por los tuyos, suma los carros capturados a los tuyos y utilízalos en tu beneficio.

20. Trata bien a los prisioneros y suminístrales todo lo necesario.

21. Esto significa «ganar la batalla y convertirse en más poderoso».

22. El objetivo esencial de la guerra es la victoria, no las campañas prolongadas.

23. Por esto, un general que conoce el arte de la guerra se erige en juez de su pueblo y en árbitro de los destinos de la nación.

EL ATAQUE

En este capítulo, Sun Tzu expone su principio básico: «Vencer al enemigo sin necesidad de combatir, ese es el máximo triunfo», y si es necesario luchar hacerlo con el menor número de bajas posible. Este concepto parece contradecir la visión de la guerra como una serie de grandes asaltos, en los que la vida del soldado es desechable a cambio de obtener la victoria. Seguramente, a la vista de las masacres a las que sometieron a su propio bando con los asaltos contra las trincheras enemigas, los mandos que guiaron los ejércitos durante la I Guerra Mundial no tuvieron en cuenta los consejos del gran estratega chino. Sun Tzu invita a los generales a ser pacientes, sobre todo cuando se trata de atacar una ciudad fortificada: el asedio exige una inversión, también económica, porque hay que dotar al ejército propio de instrumentos adecuados para una tarea bastante penosa. Por tanto, para una operación que exige compromiso, habrá que desistir si no se dispone de los medios apropiados, porque un ataque en masa obtendría el resultado opuesto: debilitar a causa de las grandes pérdidas sufridas repentinamente, por nuestra derrota, y fortalecer al enemigo tanto en el plano psicológico como en el táctico. Por último, invita a los generales a prestar atención a los soberanos por si estos, desconocedores de la situación real, imparten órdenes contrarias a las exigencias de la guerra.

1. En la guerra, es mejor conquistar un Estado intacto. Devastarlo significa obtener un resultado inferior.
2. Capturar intacto un ejército es mejor que exterminarlo. Mejor capturar una división intacta que destruirla; mejor capturar una compañía intacta que destruirla. Este es el principio fundamental del arte de la guerra.
3. La habilidad máxima no es lograr cien victorias en cien batallas: vencer al enemigo sin necesidad de combatir, ese es el triunfo máximo.
4. El general más experto socava la estrategia del menos experto. Es lo primero que hay que hacer.
5. La segunda cosa que se debe hacer es romper las alianzas del enemigo.

6. La tercera es atacar a su ejército.
7. La táctica más arriesgada es el asedio a una ciudad. Sitiad solo cuando no exista otra alternativa.
8. Para preparar carros protegidos con escudos, armas y equipamiento hacen falta tres meses; para erigir bastiones delante de los muros, otros tres meses.
9. Si el general es incapaz de controlar su impaciencia y lanza sus tropas contra los muros como un batallón de hormigas, un tercio quedará masacrado sin tomar la ciudad. Este tipo de ataques son manifestaciones de una insensatez criminal.
10. Aquel que es realmente experto en el arte de la guerra sabe derrotar al ejército enemigo sin entrar en combate, tomar sus ciudades sin asediarlas y destruir su Estado sin prolongadas campañas.
11. El objetivo principal ha de ser apoderarse de todo bajo el Cielo: de esta manera, no tendréis que mantener a las tropas de ocupación y vuestros beneficios serán máximos. Esta es la regla para la estrategia del asedio.
12. Para la dirección de las tropas las reglas son estas: si sois diez contra uno, cercad al enemigo.
13. Si sois cinco veces más fuertes, atacad.
14. Si vuestras fuerzas son dos veces mayores que las suyas, divididle.
15. Si las fuerzas están igualadas se puede asumir el enfrentamiento.
16. Si sois inferiores en todo, retiraos.
17. Cuando se es inferior en todo al enemigo, hay que procurar dispersarlo. Si os obstináis en buscar el enfrentamiento caeréis prisioneros, porque para una fuerza más poderosa una fuerza exigua se convierte en una presa anhelada.
18. Se considera al general un protector del Estado. Si su protección se extiende sobre todas las cosas, el Estado será seguramente fuerte; si es deficiente, será, seguramente, débil.
19. Un soberano puede perjudicar a su propio ejército de tres modos.
20. El primer modo es cuando, sin conocer la situación, ordena a las tropas

avanzar o retirarse en circunstancias equivocadas.

21. El segundo modo es cuando, sin dominar el arte de la guerra, asume el mando del ejército. Esto desalienta a los oficiales.

22. El tercer modo es cuando, a pesar de no conocer el arte de la maniobra, dirige las operaciones militares. Esto genera incertidumbre entre las tropas.

23. Si el ejército está desunido y confuso, los soberanos vecinos tendrán el camino despejado para crear desorden. Es de ahí de donde proviene el dicho: «Un ejército indisciplinado solo conduce a la victoria a otro».

24. Hay cinco ocasiones en las que se puede prever la victoria.

25. Quien esté en condiciones de distinguir cuál es el momento adecuado para dar la batalla y cuál no lo es, saldrá victorioso.

26. Quien sea capaz de decidir cuándo se debe usar una fuerza menor y cuándo se debe usar una mayor saldrá victorioso.

27. Quien haya creado un ejército compacto, con oficiales y soldados que combatan unidos por un mismo fin, saldrá victorioso.

▼ *En 1758, el general Zhaihui derrotó en la batalla de Huringui a los zúngaros, tribu de los mongoles occidentales, consiguiendo darle la vuelta a una situación de extrema dificultad, ya que se encontraba rodeado y aislado fuera de su ejército.*

28. Quien es prudente, está preparado y observa atento los movimientos del enemigo, temerario y no preparado, saldrá victorioso.

29. Quien disponga de generales expertos no vinculados a funcionarios de la corte saldrá victorioso.

30. Los cinco puntos descritos marcan el camino de la victoria.

31. Por ello digo: «Conoced al enemigo como a vosotros mismos. Si así lo hacéis, incluso en un centenar de batallas no os encontraréis nunca en peligro».

32. Si no conocéis al enemigo pero sí a vosotros mismos, vuestras posibilidades de vencer serán iguales a la posibilidad de ser vencidos.

33. Si no os conocéis a vosotros mismos, ni al enemigo, toda batalla acarreará un alto riesgo.

◀ *El 18.° Royal Irish Regiment en combate en el fuerte Amoy durante la primera guerra del opio (1839-1842).*

EL DESPLIEGUE

Fiel a sus principios, Sun Tzu invita a los generales a la prudencia, recordándoles que en el pasado los líderes pensaban antes que nada en la defensa de sus propios territorios, esperando un movimiento en falso del enemigo para atacarlo. En la guerra, pero también en otras situaciones, vence quien comete menos errores, por lo que solo procede el ataque cuando la victoria es segura, recordando que la invencibilidad depende de uno mismo, mientras que la vulnerabilidad radica en el enemigo. Los movimientos que un general debe realizar para llevar a término con éxito su campaña son, esencialmente, cuatro: planificar, evaluar las fuerzas en combate, calcular el número de sus efectivos y la capacidad de confrontar las fuerzas en el campo de batalla y, por último, alcanzar la victoria. Estos pasos han de ser necesariamente consecutivos. Debe tener en cuenta la naturaleza del terreno en el que se producirá el enfrentamiento decisivo y, en base a ello, desplegar el ejército de modo que, una vez dada la orden de ataque, actúe como una ola imparable desencadenada por la apertura imprevista de un dique a lo largo de una garganta en pendiente, ola que arrastra consigo todos los obstáculos que encuentra.

1. En otro tiempo, los generales expertos intentaban ante todo volverse invencibles y esperaban el momento en que el enemigo era vulnerable.

2. Ser invencibles depende tan solo de nosotros mismos; la vulnerabilidad del adversario depende siempre de él.

3. Así pues, un general puede ser invencible en una batalla, pero no puede inducir a un enemigo a que se vuelva vulnerable.

4. Por esto se dice que quien conoce el arte de la guerra puede prever la victoria, pero no determinarla.

5. La invencibilidad depende de la defensa; la posibilidad de victoria, del ataque.

6. Lo que se debe defender cuando nuestras fuerzas son inferiores, se debe atacar cuando nuestras fuerzas son muy superiores.

7. Los expertos en el arte de la defensa se ocultan bajo los nueve estratos de la

tierra; los expertos en el arte del ataque se mueven como si volaran. De este modo logran protegerse a sí mismos y logran una completa victoria.

8. Prever una victoria evidente, que cualquiera podría anticipar, no constituye una auténtica habilidad.

9. Quien informa sobre su victoria en combate es reconocido por todos como general experto, pero no es esa la verdadera habilidad.

Despellejar un conejo no requiere fuerza; distinguir entre el Sol y la Luna no es difícil para los ojos; sentir el sonido del trueno no es prueba de un oído fino.

10. Los generales de antaño triunfaban simplificando la victoria.

11. Por ello, las victorias obtenidas por los maestros del arte de la guerra no se distinguen ni por el uso de la fuerza ni por su audacia.

12. Los acontecimientos de la guerra no dependen de la fortuna, porque para vencer basta con no cometer errores. «No cometer errores» quiere decir estar en condiciones de vencer con certeza: de este modo, se somete a un enemigo ya vencido.

13. El general experto crea situaciones en las cuales no podrá ser derrotado, y no desperdicia ocasión alguna de situar en posición de inferioridad al enemigo.

◀ *Asedio de la fortaleza de Busan, en Corea, por parte de los japoneses en 1592, cuando los nipones intentaron en vano conquistar la península coreana.*

▲ *El contingente alemán de la expedición internacional que intervino en China tras la revuelta bóxer, que en 1900 sometió a asedio las embajadas occidentales en Pekín.*

14. De tal modo, un ejército victorioso vence antes de entablar batalla; un ejército abocado a la derrota presenta batalla primero y después espera vencer.

15. Quien es experto en el arte de la guerra cultiva el Tao, sigue sus reglas y elabora estrategias victoriosas. Así adquiere dominio sobre la confusión.

16. Recordad que los elementos de la estrategia militar son cinco: primero, estimación del espacio; segundo, evaluación de la fuerza numérica; tercero, cálculo; cuarto, comparación; y quinto, probabilidades de lograr la victoria.

17. La estimación del espacio se deduce del territorio.

18. La evaluación de las fuerzas se deduce de la anterior medición; el cálculo, de la cantidad; la comparación, del cálculo; y la probabilidad de victoria, de la comparación.

19. Un ejército victorioso equivale a una relación de cien a uno; un ejército derrotado equivaldrá a uno por cada cien.

20. Desplegando con habilidad las tropas, un general victorioso es capaz de sumar al combate a su propio pueblo, como el agua almacenada en una presa de montaña que, liberada de repente, echa a correr hacia el llano.

▲ *Arqueros chinos de la época manchú. En el siglo XVII los manchúes derrotaron a la dinastía Ming y fundaron la dinastía Qing. El Imperio Qing permaneció en el poder en China hasta 1912, cuando fue instaurada la República.*

LA FUERZA

«No hay diferencia entre dirigir un gran ejército o uno pequeño. Se trata en ambos casos de organizar y contar. No hay diferencia entre combatir contra un gran ejército o hacerlo contra uno pequeño; se trata, igualmente, de formas y signos». Por primera vez Sun Tzu habla de táctica y, como de costumbre, invita a los generales a ser originales en la elección y no contentarse con la solución más obvia. Un movimiento habitual nunca sorprenderá al adversario, incluso le facilitará el trabajo al ser predecible con anticipación, sobre todo en situaciones de extrema dificultad. Si uno se encuentra rodeado por el enemigo no puede prepararse solamente para la defensa, porque esto no ofrece posibilidad alguna de victoria, sino que ha de fingir superioridad o engañarlo de otro modo para contraatacar a continuación por su punto más débil. El buen comandante es aquel que sabe organizar a sus tropas: estas, que deben estar sometidas a una rígida disciplina basada en la jerarquía, han de estar preparadas para obedecer órdenes y transformarse en una avalancha impetuosa capaz de arrasar cualquier obstáculo.

1. Dirigir a muchos es como dirigir a pocos: basta con cuidar de la organización.
2. Controlar a muchos es como controlar a pocos. Es solo cuestión de formación y comunicación.
3. Atacar al enemigo sin sufrir una derrota depende del correcto empleo de las fuerzas frontales y de las laterales.
4. Lanza las tropas contra el enemigo para destrozarlo como haría una piedra con un huevo: una fuerza sustancial contra una insustancial.
5. Se ataca con las fuerzas centrales, pero se vence con las laterales.
6. Las posibilidades de emplear hábilmente las fuerzas laterales son vastas e infinitas como el cielo y la tierra, inagotables como el agua de los grandes ríos.
7. Estas concluyen y comienzan de nuevo, como el movimiento del Sol y la Luna. Muerte y renacimiento, como las estaciones.

8. Solo hay cinco notas musicales, pero las melodías que producen son tan numerosas que nadie puede asegurar que las haya oído todas.

9. Solo hay cinco colores fundamentales, pero sus combinaciones son tantas que nadie puede imaginarlas todas.

10. Tan solo hay cinco sabores, pero sus combinaciones son tan diversas que nadie puede decir que las haya probado todas.

11. Los movimientos en combate son solo dos: el ataque frontal ordinario y el lateral por sorpresa, pero las combinaciones de ambos son infinitas y nadie puede decir que las conoce todas.

12. Ambos impulsos se realimentan recíprocamente y sus interacciones son infinitas, como eslabones de una cadena. ¿Quién puede establecer dónde comienza una fuerza y acaba otra?

13. El agua torrencial arrastra las rocas gracias a su velocidad.

14. El halcón, en su picado, divide en dos el cuerpo de su presa porque golpea con precisión.

15. Así, la velocidad del seguidor del arte de la guerra es fulminante, y su ataque es absolutamente preciso.

16. Su fuerza es la de una ballesta tensada al máximo; su elección de la oportunidad es como el disparo.

▲ *Aunque la Gran Muralla había sido construida para hacer frente a las invasiones de los mongoles, estos instauraron en China un imperio que perduró durante siglos.*

17. Tumulto y fragor, la batalla parece caótica, pero no hay desorden. Las tropas que maniobran de forma ordenada no pueden ser derrotadas.

18. Lo que parece confusión es, en realidad, orden; lo que parece cobardía es valentía; la debilidad, fuerza.

19. El orden y el desorden dependen de la organización; el valor y la cobardía, de las circunstancias; la fuerza y la debilidad, del despliegue.

20. El general experto induce al enemigo a moverse y a asumir un despliegue determinado. Lo atrae con algo que el enemigo esté seguro de capturar y, mientras lo seduce con la ilusión de una pequeña ventaja, lo espera con sus fuerzas.

21. Por ese motivo el general experto prepara la victoria estudiando la situación. No confía en sus subordinados.

22. Escoge a sus hombres y define su cometido.
23. Quien sabe evaluar una situación, empleará a sus hombres en el combate como si fueran troncos o piedras que hay que mover. Por su naturaleza, los troncos y las piedras permanecen estáticos en terreno llano, pero se mueven sobre un terreno inclinado. Si tienen forma cuadrada, permanecen inmóviles; si esta es redonda, ruedan.
24. Así, el potencial de unas tropas hábilmente dirigidas en un combate puede compararse con el de estas masas redondas que ruedan desde lo alto de la montaña. Esto es el impulso.

Confucio basaba su ▶ filosofía en la ética personal y política, en la cortesía en las relaciones sociales, en la justicia, el respeto a la autoridad familiar y jerárquica, la honradez y la sinceridad.

LOS PUNTOS FUERTES Y DÉBILES

Para alcanzar la victoria no hay que ofrecer ventaja alguna al enemigo, empezando por la elección del campo de batalla; por ello, es necesario llegar el primero y obligar al adversario a ocupar una posición desventajosa. En este punto, el general hábil atacará los «puntos vacíos» donde el enemigo se encuentre en minoría o en una posición poco defendible, frustrando sus expectativas y desestabilizando el orden. El principio básico es siempre el mismo: forzar al rival a hacer lo que deseamos y no vernos obligados a realizar acciones que pudieran ser ventajosas para él. El buen general debe, cuando corresponda, esconder sus propios puntos fuertes para mantener engañado al enemigo y, al mismo tiempo, conocer los puntos débiles del adversario. Con esto, Sun Tzu retoma el concepto de vacío y lleno básico en la doctrina taoísta aplicado a las artes marciales: el despliegue ha de ser engañoso, ya sea para enmascarar una debilidad o para ocultar un punto fuerte. Y, sobre todo, no debe responder a una regla férrea, sino ser flexible y capaz de variar la estrategia según vayan demandando las nuevas condiciones que se generan durante la batalla.

1. Generalmente, quien ha ocupado primero el campo de batalla y espera al enemigo, está descansado; por el contrario, quien llega más tarde y se enzarza de inmediato en el combate está fatigado.

2. Por eso, el general experto no va, sino que hace que sea el enemigo el que acuda: no se deja conducir por él.

3. Para inducir al enemigo a moverse, se le debe ofrecer una ventaja. Para disuadirlo, hacerle temer algún daño.

4. Cuando el enemigo esté descansado, tenéis que acosarlo; cuando esté bien alimentado, matadlo de hambre; cuando esté relajado, obligadle a desplazarse.

5. Apareced en lugares en los que el enemigo tenga que correr hasta agotarse para llegar; atacad con rapidez donde menos se lo espere.

▲ *Espada de bronce del periodo de los Reinos Combatientes. Las primeras armas de bronce aparecieron durante la dinastía Shang (1600-1046 a. C.). Las espadas de hierro se expandieron por China entre los siglos V y III a. C.*

6. Es posible marchar mil *li* sin cansarse si nos movemos por territorio libre de enemigos.

7. Para tener la seguridad de conquistar la zona donde se ha entablado combate, atacad un punto no defendido por el enemigo. Para saber con seguridad qué puntos defiende, se estudian aquellos desde los que el enemigo no pueda atacar.

8. El mejor ataque es el que no permite comprender dónde defenderse. La mejor defensa es aquella que no permite distinguir dónde atacar.

9. Hay que moverse con rapidez, sin dejar rastro, casi como si fuéramos evanescentes, maravillosamente sutiles, imperceptibles: el destino del enemigo estará en vuestras manos.

10. El avance imparable se lanza con celeridad contra los vacíos del enemigo. La retirada imparable se realiza a la máxima velocidad.

11. Si queréis atraer al combate a un enemigo fuertemente atrincherado tras altos muros y profundas fosas, atacad un objetivo que tenga, necesariamente, que defender. Así no tendrá más remedio que salir para pasar al contraataque.

12. Si, por el contrario, queréis evitar el enfrentamiento, engañad al enemigo con movimientos de distracción. Así no avanzará hacia vosotros ni aunque le indiquen el camino a seguir sobre el terreno.

13. Obligad al enemigo a desplegarse, pero mantened al mismo tiempo unido al propio ejército; así vuestras fuerzas estarán concentradas y las suyas divididas.

14. Si concentro mis fuerzas mientras que el enemigo divide las suyas en diez, podré usar toda mi fuerza para atacar a solo una parte de las suyas. De este modo, seré siempre superior en una proporción de diez a uno.

15. Si tengo más hombres para desplegar que mi rival, que está en inferioridad numérica, podré reducir el número de soldados que envío al combate.

16. Si el enemigo no sabe dónde atacaremos, deberá prepararse para defender muchos puestos diferentes. Y dado que estos puestos estarán aislados, bastará que ataquemos con pocas tropas.

17. Un frente fuerte significa una retaguardia débil;

▼ *La guerra del opio enfrentó a tropas chinas y fuerzas de desembarco británicas, que apoyaban militarmente la importación del opio a China en contra de la voluntad de este país.*

una retaguardia debilitada significa que la vanguardia es más vulnerable. Reforzar el flanco izquierdo significa debilitar el derecho; reforzar el derecho significa debilitar el izquierdo. Si se divide para reforzar todas las posiciones, todas quedarán debilitadas.

18. Quien tiene pocas fuerzas se ve obligado a hacer grandes preparativos de defensa; quien tiene un ejército fuerte obliga al enemigo a prepararse contra él.

19. Si se conocen el lugar y el momento de la batalla, nuestras tropas se oncontrarán en el punto de reunión aunque tengan que marchar mil *li*. Si no conocemos ni el lugar ni el día de la confrontación, hay que saber que nuestra ala izquierda no estará en condiciones de ayudar a la derecha ni viceversa; la vanguardia no podrá apoyar a la retaguardia, ni la retaguardia sostener a la vanguardia, aunque estén separadas por unas decenas de *li*.

20. Sé que las tropas de Yueh son muy numerosas, pero dudo que esto suponga una ventaja real respecto al resultado. El número no asegura la victoria.

▼ *En la segunda mitad del siglo XVIII, el emperador Qianlong, de la dinastía Qing, encargó una serie de grabados en cobre de las batallas en las que había salido victorioso.*

21. Por eso afirmo que las condiciones para la victoria han de ser creadas.

22. Si el enemigo nos supera en número, evitaremos todo enfrentamiento.

23. Conviene anticiparse a los planes del enemigo e identificar sus puntos fuertes y débiles: podremos decidir qué estrategia usar para obtener el éxito y cuál no.

24. Provocadle con acciones imprevistas, haced que se mueva y estudiad el tipo de acción a adoptar para hacerle frente. Entre tanto, mantened el grueso de vuestras tropas en reposo.

25. Identificad sus posiciones: así conoceréis el terreno de la vida y de la muerte.

26. Emprended acciones limitadas para averiguar los puntos donde tiene menores fuerzas, o incluso los que mantiene sin ocupar.

27. Vuestro despliegue no ha de tener forma. De este modo, ni los espías más hábiles tendrán nada que descubrir, ni habrá experto capaz de elaborar una estrategia eficaz en vuestra contra.

28. La forma que vence a muchos, no es aparente para ellos. Después de la victoria, mi forma será evidente para todos. Antes de la victoria, nadie sabe la forma que adoptaré.

29. La forma que permite alcanzar la victoria no está bien definida, sino que cambia muchas veces.

30. Recordad que un ejército puede compararse con un río: como este, evita las alturas y se precipita por el valle. Lo mismo han de hacer las tropas: esquivar lo lleno y llenar lo vacío.

31. De igual modo que la configuración del terreno determina el curso del río, determina el enemigo la victoria.

32. El río no tiene un curso constante, ni es constante la forma de la fuerza.

33. Quien sea capaz de vencer adaptando la táctica a la estructura del enemigo podrá preciarse de poseer una habilidad superior.

34. De los cinco elementos, ninguno es predominante; de las cuatro estaciones, ninguna es eterna; en cuanto a los días, algunos son largos y otros cortos; y la Luna crece primero y después merma.

EL ENFRENTAMIENTO

Después de reunir al ejército y adiestrarlo con eficiencia, el general está listo para iniciar las maniobras de la batalla. Es lo más difícil, porque desde el primer momento todo está permanentemente en juego y surge lo imprevisible. Sun Tzu amplía sus consejos sobre la preparación para el enfrentamiento y el acercamiento al lugar de la batalla: como siempre, sugiere ahorrar energías y engañar al enemigo. Un ejército exhausto por una larga marcha no tendrá fuerzas suficientes para resistir un ataque o para aplastarlo. También la elección de la ruta de aproximación puede confundir al adversario: no siempre el camino más conveniente es el más recto. Además, el estratega recuerda que la cadena de mando, que parte del rey y llega hasta el último soldado pasando por los diversos grados militares, ha de estar clara para todos. Una vez impartida, una orden no debe ser cuestionada; hacerlo solo genera desorden y anarquía, que son garantía de una derrota. Como última recomendación sugiere dejar siempre al enemigo una vía de escape: un adversario rodeado y condenado a morir multiplica su vigor y puede causar daños gravísimos.

1. Cuando un ejército se suma a una refriega, por norma el general recibe primero las órdenes del soberano, después moviliza al pueblo y reúne a las tropas. A continuación, se encarga de agruparlas y establece un campamento.

2. Ningún arte es más complejo que el del enfrentamiento.

3. La principal dificultad está en hacer próximo aquello que está lejano, y en convertir los obstáculos en ventajas.

4. Desorienta al enemigo atrayéndolo con un señuelo y alarga su recorrido. Así podrás partir después, pero llegar el primero. Esto hace cercano lo lejano.

5. Recordad: el enfrentamiento armado presenta ventajas e inconvenientes.

6. Quien para sacar algún provecho desplaza al ejército entero, perderá dicha ventaja.

7. Quien entre en combate con solo tropas ligeras perderá por falta de medios.

Dragones contra la caballería tártara en la segunda guerra del opio (1856-1860) cerca de la ciudad de Pekín. ▶

8. Si tras reunir a la tropa partís demasiado pronto y con poca preparación, sin tener en cuenta si es de noche o de día, y recorréis a marchas forzadas una distancia de cien *li*, perderéis tres comandantes, porque las tropas más fuertes llegarán las primeras, mientras que las más débiles llegarán retrasadas. Solo una décima parte de vuestro ejército alcanzará su destino.

9. En una marcha forzada de cincuenta *li*, el comandante de vanguardia caerá o llegará exhausto. Con este método solo alcanzará su destino la mitad del ejército. En una marcha forzada de treinta *li*, llegarán solo dos tercios del mismo.

10. Un ejército que carezca de equipamiento, comida y dinero está perdido.

11. Quien no conoce la estrategia del enemigo no podrá establecer alianzas.

12. Quien no conoce las montañas, los bosques, los valles más propicios a las emboscadas, la extensión de las zonas anegadas y pantanosas, no puede dirigir la marcha de un ejército.

13. Utilizad guías locales expertos para obtener ventaja del terreno.

14. Recordad que la guerra se fundamenta en el engaño; el movimiento en las ventajas que pretendéis conseguir. La situación determina la división y el agrupamiento de vuestras tropas.

15. Sed veloces como el viento, majestuosos como el bosque, voraces como el fuego e impasibles como la montaña.

16. Inescrutables como la niebla, abruptos como el trueno.

17. Frente al asedio, dividid vuestras fuerzas; si conquistáis, dividid el botín.

18. Evaluad bien la situación antes de moveros.

19. Quien conoce al arte de golpear en el frente y los flancos, obtendrá la victoria. Esta es la base de la confrontación armada.

20. El libro de la gestión militar dice: «La voz no es escuchada en la batalla; utiliza tambores y gongs. El ojo no distingue; emplea banderas y estandartes».

21. Los gongs y tambores, los estandartes y banderas se usan para centrar la atención: si las tropas son compactas, el valiente no puede avanzar solo, ni retroceder el cobarde. Esto es el arte de armonizar a los soldados.

22. Durante los combates nocturnos recurrid a señales de fuego y tambores. Durante el día, recurrid a estandartes y banderas. De este modo controlaréis la vista y el oído de las tropas.

23. Recordad que un ejército puede perder su ardor, un general su ánimo.

24. La moral está más alta a primera hora de la mañana. Disminuye a lo largo del día; de noche vuelan a casa los pensamientos.

25. Por eso, aquel que es experto en el arte de la guerra evita al enemigo cuando sabe que la moral de este está alta y ataca cuando está baja, o cuando sus soldados sienten nostalgia del hogar. Esto significa tener el dominio de la moral.

26. Afrontad el desorden con orden, con calma la agitación. Esto significa poseer el control de las emociones.

27. Esperad al enemigo en vuestro terreno. Aguardad descansados al enemigo exhausto; bien alimentados al famélico. Esto es lo que significa tener el control de la fuerza.

28. No plantéis batalla a un enemigo que avanza con sus estandartes bien alineados, ni ataquéis a grandes formaciones. En esto consiste el control de las diversas circunstancias.

29. No os enfrentéis a un enemigo instalado en un lugar más elevado. Si tiene una colina a la espalda no os opongáis a él.

30. Si finge huir, no lo sigáis.

31. No ataquéis a sus tropas escogidas.

32. Evitad sus señuelos.

33. No frenéis a un ejército que vuelve a casa.

34. Dejad una vía de escape al enemigo cercado.

35. No presionéis al enemigo hasta el extremo.

36. Estas son las reglas del enfrentamiento armado.

▼ *La primera guerra chino-japonesa se libró de 1894 a 1895 por el control de Corea y concluyó con la derrota del ejército chino.*

LAS VARIABLES

Sun Tzu distingue «nueve variables» a tener en cuenta tras haber recibido el mandato del soberano, haber reunido a los ejércitos y movilizado a las tropas. En particular, no deberá acampar en un terreno peligroso, ha de reunirse con sus aliados en el punto en el que se crucen los caminos de sus respectivos ejércitos y no permanecer en un territorio aislado. Además, realizará planes estratégicos para poder desplazar a su ejército incluso sobre un terreno donde sería fácil cercarlo. A esto deben añadirse algunos consejos: hay caminos que no se deben seguir, ejércitos enemigos a los que no se debe atacar, ciudades fortificadas que no deben ser asaltadas, terrenos sobre los que no se debe combatir. Por último, no hay que aceptar este tipo de órdenes del soberano. A tal fin, Sun Tzu analiza los cinco errores en que puede incurrir un comandante: ser demasiado temerario, tener demasiado apego a la vida, dejarse trastornar por la ira, poseer un sentido del honor mal entendido, ser demasiado compasivo y, por tanto, vivir siempre atormentado por las acciones violentas que se le han confiado.

1. Habitualmente, el general recibe del rey la orden de movilizar al pueblo y reunir el ejército. Hay nueve factores, que varían con las circunstancias. Son estos.

2. El primero es: no acampar si el terreno es difícil.

3. El segundo es: en un terreno en el que es fácil establecer lazos, forjad alianzas con los habitantes de las zonas limítrofes.

4. El tercero es: no retrasarse sobre terreno abierto.

5. El cuarto es: en un terreno cerrado, hay que contar con muchos recursos.

6. El quinto es: si la situación es de vida o muerte, combatid.

7. El sexto es: hay caminos que no se deben seguir. El séptimo es: hay ejércitos a los que no se debe atacar; el octavo es: hay ciudades que no se deben asediar y territorios que no se deben disputar.

8. El noveno es: pueden darse circunstancias en las cuales las órdenes del soberano no han de ser obedecidas.

9. Un general que conozca en profundidad las ventajas ofrecidas por las nueve variables, será experto en el arte de la guerra.

10. El general que no tenga claras las ventajas que pueden aportarle las nueve variables no estará en condiciones de utilizar el terreno en beneficio propio, aunque lo conozca bien.

11. En las campañas militares, quien no comprenda la táctica basada en las nueve variables no sabrá tampoco cómo sacar el máximo provecho a sus tropas, aunque conozca bien las «cinco variaciones».

12. Por estas razones, el general experto debe estudiar las circunstancias favorables junto con las desfavorables al tomar sus decisiones.

13. Analizar las ventajas sirve para elaborar un plan. Analizar las desventajas sirve para evitar daños.

14. El temor al dolor frena. La acción desgasta. La perspectiva de una ventaja incita.

15. Para confundir al enemigo, poned en marcha acciones de distracción.

16. El general experto agota al enemigo manteniéndolo siempre bajo presión. Lo hace correr de acá para allá engatusándolo con ventajas ilusorias.

17. No olvidemos que el enemigo puede no presentarse, pero estaremos siempre listos para hacerle frente. No debemos confiar en que no ataque, sino asegurarnos de que nuestra posición es inatacable. Es una regla fundamental del arte de la guerra.

18. El carácter de un general puede presentar cinco cualidades peligrosas. Helas aquí.

19. Si es demasiado temerario, puede acabar muerto.

20. Si se aferra demasiado a la vida, será probablemente apresado.

21. Si es iracundo, cederá a las provocaciones.

22. Si se preocupa demasiado por el propio honor, será sensible a las calumnias.

23. Si es compasivo por naturaleza, puede vivir atormentado.

24. En un líder, estos cinco rasgos constituyen defectos. Su efecto es desastroso para las operaciones militares.

25. La derrota del ejército y la muerte del general son, a menudo, resultado de tales defectos. Pensadlo bien.

▲ Guardia imperial de la dinastía Qing, que gobernó China hasta 1912, cuando el último emperador manchú, Puyi, fue depuesto por las fuerzas revolucionarias, que instauraron un régimen republicano.

MANIOBRAR CON EL EJÉRCITO

La posición a adoptar en el campo de batalla es esencial para el éxito del enfrentamiento: el contendiente capaz de aprovechar la naturaleza del terreno logrará, casi con seguridad, la mejor posición. Sun Tzu atribuye una importancia fundamental a la cuidada disposición del ejército por parte del gobernante y al estudio de los movimientos y el comportamiento del enemigo. Analizando atentamente la disposición del ejército adversario, es posible deducir cuáles son sus intenciones: si está elaborando un plan o una trampa, si está condicionado por algún límite de tiempo o, simplemente, si está tenso o tiene dificultades. En la parte final del capítulo, Sun Tzu insiste de nuevo en la conducta que deben observar los oficiales respecto a sus inferiores en rango: no exagerar los castigos y mantener la disciplina por medio de la instrucción, único instrumento válido para crear un ejército compacto.

1. Al tomar posiciones y estudiar al enemigo, abandonad los puertos de montaña y ocupad los valles.
2. Acampad en un terreno elevado, en la vertiente este, del lado donde más densa crezca la vegetación.
3. Entrad en combate descendiendo, no ataquéis nunca cuesta arriba.
4. Esto es lo que se debe hacer en los encuentros en la montaña.
5. Si hay un río entre vosotros y el enemigo, no permanezcáis en las inmediaciones. El enfrentamiento no debe producirse en el agua.
6. Será ventajoso permitir que cruce la mitad de sus tropas antes de atacar.
7. No hay que enfrentarse al enemigo cerca del río. Tomad posiciones en un terreno elevado, orientado hacia el este. No asumáis nunca posiciones corriente arriba en los valles.
8. Esta es la forma de combatir cerca de un río.
9. Atravesad con rapidez los terrenos pantanosos. Si os topáis con un enemigo en terreno anegado, buscad un claro sólido, con vegetación detrás. Mantened los árboles siempre a vuestra espalda.

▲ *Fotograma de la película* La batalla de los Tres Reinos, *rodada en 2008 por el director John Woo, que narra los acontecimientos relacionados con la batalla del Acantilado Rojo.*

10. Es esto lo que debéis hacer si el enfrentamiento tiene lugar en terrenos pantanosos.

11. En terreno llano ocupad una posición en la que podáis maniobrar con facilidad. Mantened las alturas a vuestra derecha y el campo de batalla al frente: delante de vosotros está la muerte, a la derecha, la vida.

12. Esto es lo que hay que hacer en los enfrentamientos en altiplano.

13. En general, estas reglas dan ventaja si se aplican en las situaciones citadas. Gracias a ellas, el Emperador Amarillo derrotó a cuatro soberanos.

14. Los ejércitos prefieren los terrenos elevados a los bajos; aman la luz del sol y no aprecian la sombra. Esta regla es siempre válida.

15. Al ocupar una posición estable, el general experto cuida de la salud de sus tropas. Un ejército sin enfermedades es invencible. Esto es lo que se afirma.

16. En las inmediaciones de terraplenes, colinas, diques o muros de contención, hay que ocupar el lado soleado, con la zona alta a la derecha y un poco hacia atrás.

17. Estas reglas para aprovechar la naturaleza del terreno ofrecen ventajas a vuestro ejército.

18. Cuando la lluvia que cae en las montañas hace crecer los ríos y las aguas descienden espumeantes, quien quiera cruzar deberá esperar a que las aguas se amansen.

19. Salid sin tardanza de donde haya obstáculos naturales como torrentes impetuosos, pozos, trampas, acantilados, gargantas y estrechamientos.

20. Manteneos alejados de todos estos lugares, pero intentad atraer a ellos al enemigo. Quedad frente a él y vuestro adversario los tendrá a su espalda.

21. Cuando a los lados hay gargantas peligrosas, pozos cubiertos de hierbas acuáticas entre las que despuntan cañas y juncos, o bosques densos e intrincados, hay que explorar el terreno con precaución, porque es en sitios así donde tienden a emboscarse y anidar los espías.

22. Si el enemigo está próximo pero no se mueve y estamos

▼ *El ejército de terracota, junto a la tumba del emperador Qin Shi Huang, es considerado uno de los descubrimientos arqueológicos más importantes del mundo. Salió a la luz en 1974, tras ser descubierto por accidente por un campesino, y hoy ocupa un área de cerca de cincuenta y dos mil metros cuadrados.*

en posición inferior, esto significa que confía en que la suya es más favorable. Si está lejos y nos desafía, pretende hacernos caer en una trampa. Si se encuentra sobre un terreno más accesible y se deja ver, significa que ocupa una posición que le ofrece una ventaja evidente.

23. Las ramas de los árboles se mueven: esto indica que el enemigo está avanzando.

24. Si en el sotobosque hay numerosos obstáculos, recordemos que están allí para engañarnos.

25. Las aves que salen volando despavoridas señalan que el enemigo os está tendiendo una emboscada. Si los animales salvajes huyen espantados, el enemigo intenta atacaros por sorpresa.

26. Las columnas de polvo que se alzan hacia el cielo indican la aproximación de carros enemigos. Cuando, por el contrario, el polvo se extiende en una nube horizontal anuncia un ataque por sorpresa.

27. El polvo se levanta en lugares diversos: esto indica que el enemigo está recogiendo leña para hacer fuego. Muchas nubes pequeñas de humo: esto quiere decir que el enemigo está acampando.

28. El enemigo que envía emisarios en actitud conciliadora mientras continúa los preparativos de guerra está dispuesto a atacar.

29. Si los emisarios son altaneros y arrogantes, y el enemigo hace amago de avanzar, eso significa que prepara la retirada.

30. Si los emisarios pronuncian discursos conciliadores, el enemigo busca una tregua.

31. Si los emisarios ofrecen la paz sin acuerdo previo, el enemigo está tramando algún complot.

32. Los carros ligeros aparecen y toman posiciones en los flancos: esto significa que están preparándose para el ataque.

33. Las tropas enemigas marchan desplegadas y los carros avanzan como en un desfile: esperan refuerzos.

34. La mitad de las fuerzas enemigas avanza y la otra mitad retrocede: intentan atraeros a una trampa.

35. Sus hombres, en pie, se apoyan en sus armas: es señal de que están hambrientos.

36. Los aguadores beben los primeros: es señal de que sus tropas sufren sed.

37. Cuando el enemigo percibe una posición ventajosa pero no avanza para tomarla, esto quiere decir que está exhausto.

38. Si las aves se agrupan sobre el campamento enemigo, esto quiere decir que el campamento está vacío.

39. El alboroto en el campamento enemigo, incluso de noche, es señal de que está atemorizado.

40. Cuando sus tropas no estén desplegadas en orden, eso

◄ *Los usos, las costumbres y ambiciones de las antiguas tribus mogolas y de su jefe, fuera legendario o real, han llegado hasta nosotros por sus componentes épicos y narraciones como* La historia secreta de los mongoles, *que data de 1241 y narra las aventuras de Gengis Kan y sus sucesores.*

▲ *El nombre de «China» proviene de Qin o Ch'in, cuando Quin Shi Huang se convirtió en el primer emperador e instauró una dinastía que reinó sobre todo el país.*

significa que el general no tiene autoridad.

41. Si sus banderas y estandartes se agitan de continuo, eso quiere decir que hay desorden entre las tropas.

42. Si los oficiales se muestran irritables, eso significa que están agotados.

43. Si el enemigo mata a sus caballos y utiliza su carne como rancho para sus tropas, si no ponen sus cazuelas sobre el fuego y regresan al acuartelamiento, se prepara una acción a la desesperada.

44. Los soldados murmuran, omiten las contraseñas, hablan entre ellos: empieza a fallar la confianza en el general.

45. Recompensas demasiado frecuentes: el general está agotando todos sus recursos. Castigos demasiado frecuentes: el general está en gravísimas dificultades.

46. Los oficiales que maltratan a sus hombres y después les tienen miedo, son incapaces de mantener la disciplina.

47. Si el ejército enemigo forma iracundo ante vosotros, pero

no entra en combate ni se aleja, más valdrá estar en guardia y analizar a fondo la situación.

48. En la guerra, disponer de un ejército numeroso no representa, por sí solo, una ventaja. Recordad: no actuéis nunca confiando solamente en la fuerza de la superioridad numérica.

49. Para someter a un enemigo, hay que evaluarse uno mismo, evaluarlo a él y alcanzar el apoyo del pueblo. Eso es todo.

50. Quien, sin apoyo y sin estrategia, ataca a un enemigo infravalorando su fuerza, caerá seguramente prisionero.

51. No se debe castigar a la tropa antes de haber conquistado su lealtad: no os obedecerá más. Y una tropa indisciplinada es difícil de utilizar.

52. Si las tropas son leales, pero no reciben castigo cuando es justo, tampoco se podrán utilizar.

53. Instruir a las tropas con competencia y justicia es compatible con las virtudes marciales: os acercaréis a la victoria.

54. La disciplina se obtiene mediante la instrucción. Las tropas bien adiestradas serán obedientes; de lo contrario, no seguirán vuestras órdenes.

55. Cuando los comandantes inspiran confianza y son obedecidos, las relaciones entre generales y ejército pueden considerarse satisfactorias.

56. Los comandantes que responden al bien común del pueblo son apreciados; los que no responden al bien del pueblo, son ignorados. Cuando hay armonía entre gobernante y súbditos, las órdenes son recibidas con satisfacción.

▲ *El Ejército chino participó en la guerra de Corea en apoyo a Corea del Norte en 1950. Este conflicto estuvo a punto de degenerar en una nueva guerra mundial.*

EL TERRENO

Sun Tzu divide en seis tipos el terreno en el que un ejército puede encontrarse a la hora de luchar: accesible, dificultoso, neutro, con grandes riscos o con amplios espacios abiertos. Para cada uno de ellos el estratega ofrece un consejo sobre cómo actuar: cuándo es el momento de avanzar sin temor y cuándo, por el contrario lo mejor es retirarse y esperar mejor ocasión. El general que no tiene en cuenta la naturaleza del terreno es estúpido, y seguramente otorga al enemigo una gran ventaja. El autor aborda después otro tipo de «terreno», esta vez impalpable y más difícil de descifrar que los precedentes: el estado de ánimo y el consiguiente comportamiento de las tropas. También en este caso el comandante desempeña un papel fundamental. Se espera de él que forje soldados dispuestos a superar cualquier tipo de situación sin dejarse llevar por el pánico, que es siempre fuente de desconfianza. El general debe perseguir el bien común, incluso contradiciendo las órdenes del soberano si este ignora las reglas de la guerra, porque ha de estar dispuesto a cualquier sacrificio por el bien del pueblo y el de sus tropas. El capítulo concluye con la máxima más importante: «Conoce a tu enemigo y también conócete a ti mismo: tu victoria no se verá comprometida».

1. En conformidad con su naturaleza, los diversos terrenos pueden ser: accesibles, complejos, neutros, abruptos y abiertos.

2. Un terreno que puede ser atravesado con la misma facilidad por cualquier parte es accesible. En él será ventajoso ocupar el primero las posiciones elevadas y soleadas, útiles también para el transporte de materiales.

3. Un terreno en el que se entra con facilidad pero es difícil salir, es un terreno intrincado. Por su naturaleza, facilitará el ataque al enemigo sin previo aviso: pero si el enemigo está preparado y no lo vencemos, nos será difícil dar la vuelta. Este es el inconveniente de un terreno complejo.

4. Un terreno sobre el que se avanza con dificultad, tanto el uno como el otro bando, es neutro. Sobre

un terreno así, aunque el enemigo os ofrezca una ventaja, no avancéis. Por el contrario, retroceded e inducid a la mitad de las tropas enemigas a seguiros. Entonces, pasad al ataque y triunfaréis.

5. Un terreno rodeado de obstáculo naturales, como las montañas, es abrupto. Si se ocupa primero, habrá que bloquear los pasos estrechos y esperar al enemigo. Si, por el contrario, el enemigo lo ha ocupado antes y ha bloqueado los accesos, no debemos seguirlo. Perseguidle solo si no ha bloqueado aún los accesos.

6. Si ocupamos primero un terreno accidentado, lleno de riscos y difícil de transitar, nos instalaremos en un alto soleado y esperaremos al enemigo. Si, por el contrario, nuestro adversario ha llegado primero, no hay que atacar. Tenemos que batirnos en retirada e invitarle a seguirnos.

7. En un terreno abierto, en el que la fuerza de ataque de ambos bandos es equivalente, provocar el combate es arriesgado y no se consigue ventaja alguna.

8. Esta enumeración contiene las reglas referentes a los diversos tipos de terreno, Es

la máxima responsabilidad del general conocer a fondo el terreno, que debe estudiar con el mayor cuidado posible.

9. Hay comportamientos de las tropas que no pueden ser atribuidos a causas naturales: apiñamiento, duda, desunión, dispersión, caos, desbandada. Estas conductas dependen de errores de los generales.

10. Si las fuerzas son similares pero los hombres se emplean en grupos de diez contra uno, las tropas están apiñadas.

11. Si las tropas son fuertes, pero sus comandantes débiles, el ejército se muestra titubeante.

12. Cuando los oficiales son fuertes pero las tropas débiles, el ejército está desunido.

13. Cuando los oficiales superiores se muestran demasiado arrogantes, incapaces de controlarse, se enfrentan al enemigo lanzándose a la refriega sin evaluar la oportunidad de entrar en batalla, y los generales no saben decidir, el ejército se dispersa.

14. Cuando el general es de carácter débil y carece de autoridad, sus directivas no están claras, los oficiales y la tropa no están coordinados y desatienden las órdenes de despliegue, el ejército está sumido en el caos.

15. Cuando el general es incapaz de evaluar la consistencia del enemigo y utiliza una pequeña fuerza

◀ *La revuelta de los Taiping (los «adoradores de Dios») estalló en China entre 1851 y 1864. La secta de inspiración cristiana fundada por Hog Xiuquan predicaba el igualitarismo, el monoteísmo y la voluntad de recuperar el prestigio y la soberanía de China, sumida en el caos tras las guerras del opio.*

▲ *El sobrino de Gengis Kan, Kublai Kan, inició en 1267 la construcción de la nueva capital, Pekín, sobre las ruinas de la antigua capital de los Jin.*

del comandante saber juzgar al enemigo, calcular las distancias y sopesar los riesgos. Si conoce estos factores, vencerá; si los ignora, resultará derrotado.

18. Si con arreglo a las reglas del arte de la guerra resulta evidente que la victoria es segura, atacad incluso en contra del parecer del soberano. Si de acuerdo con las reglas del arte de la guerra la victoria no es segura, no ataquéis aunque el parecer del soberano sea favorable.

19. El general que no busca el éxito personal, que se retira sin miedo al deshonor, que actúa siempre en provecho del pueblo y del soberano, representa el tesoro más precioso del Estado.

20. Si un general cuida de sus hombres como si fueran niños, ellos le seguirán hasta el fondo de un abismo. Si los trata con el mismo afecto que a sus hijos, ellos se mostrarán dispuestos a dar por él la vida.

21. Si un general se muestra indulgente con sus tropas, pero es incapaz de manejarlas, le apreciarán pero no respetarán sus

para enfrentarse a una grande, o tropas débiles para enfrentarse a otras más fuertes, o confía encargos a subalternos, el resultado es una desbandada.

16. Cuando prevalece una de las seis consideraciones antes expuestas, el ejército se dirige a una derrota. Es responsabilidad del general valorarlas con cuidado.

17. La naturaleza del terreno puede ser de gran ayuda en la batalla, pero depende

órdenes; si las tropas son indisciplinadas y no sabe mantener el control, se comporta como el padre que malcría a los hijos, y sus tropas serán inútiles.

22. Si veo que mis tropas tienen la posibilidad de golpear pero ignoro dónde es vulnerable el enemigo, mis posibilidades de victoria se reducen a la mitad.

23. Si veo dónde es vulnerable el enemigo pero ignoro si mis tropas tienen posibilidades de vencerlo, mis probabilidades se reducen a la mitad.

24. Si veo dónde se puede atacar al enemigo y mis tropas tienen posibilidades de hacerlo pero no sé juzgar si la configuración del terreno es ventajosa, mis probabilidades de lograr la victoria se reducen a la mitad.

25. Por esto, un general experto, no comete errores cuando se mueve. Cuando ataca, sus recursos son limitados.

26. Por ello se dice: «Conoce a tu enemigo y conócete a ti mismo; tu victoria no se verá comprometida. Conoce la Tierra y el Cielo: la victoria será total».

▲

Quin Shi Huan ordenó, en 213 a. C. la destrucción de todos los libros, a excepción de los de contenido técnico o científico y los anales, porque temía que obstaculizaran su plan de renovación de China.

彌合　　　　　北海　　　　　羅殿

羅荒野　　　　　　　　　　羅荒野

湖　　　衛

靈
肉
秋

咪憚

波刺斯

鷓勤

丁香國

馬蹄國　　　　　　　　　　　圈子

EL TERRITORIO

Este capítulo retoma algunos conceptos ya expuestos en partes anteriores del libro. Sintetiza los nueve tipos de terreno en los cuales uno puede verse obligado a operar. El terreno en el que se libra una lucha intestina o un conflicto civil, será dispersivo. Fronterizo es aquel del que parten ligeras incursiones en territorio enemigo. Si favorece a ambas partes, será controvertido. Abierto, si el paso está libre. Cuando controla importantes vías de comunicaciones, será focal. Significativo es el terreno del que parten incursiones en profundidad en campo enemigo y desfavorable aquel de poca utilidad para las partes. El terreno cercado es el que cuenta con pocas vías de acceso propicias para tender emboscadas. En el terreno mortal se bate hasta el último hombre para escapar a la destrucción. Tras examinar todos los factores que se deben tener en cuenta según la naturaleza del territorio, Sun Tzu invita a sus generales a actuar con extrema discreción, manteniendo ignorantes de sus intenciones a la mayoría de la tropa y oficiales. Siempre acecha el peligro de una traición o un comentario incauto, por lo que cuantas menos personas conozcan tus planes, más posibilidades tendrás de coger por sorpresa al enemigo.

1. Según las reglas del arte de la guerra, hay nueve tipos de territorio: dispersivo, fronterizo, controvertido, abierto, focal, significativo, desfavorable, cercado y mortal.

2. Es dispersivo cuando las fuerzas de un mismo Estado combaten entre sí.

3. Al introducirnos en territorio enemigo, pero no en profundidad, nos encontramos en terreno fronterizo.

4. Es controvertido un territorio cuya conquista podría favorecer a ambos bandos.

5. Es terreno abierto aquel al que se puede acceder con la misma facilidad que el adversario.

6. Cuando un Estado está bordeado por otros tres que se lo disputan, su territorio es focal. El primero en asumir su control podrá también conquistar todo bajo el Cielo.

7. Un ejército que ha penetrado a fondo en el suelo enemigo, dejando a su espalda ciudades y aldeas, se encuentra en un territorio significativo.

8. Se halla en territorio desfavorable quien debe remontar montañas, cruzar bosques y regiones escarpadas, marchar a lo largo de gargantas, pantanos, cenagales o lugares donde es difícil moverse.

9. En terreno cercado el acceso es difícil, la salida tortuosa y bastaría una pequeña fuerza para derrotar a una mucho más grande.

10. Mortal es el territorio donde solo es posible sobrevivir recurriendo al valor que da la desesperación.

11. Así pues: sobre un territorio dispersivo, no combatir; en uno fronterizo, no detenerse.

12. Si el enemigo ocupa un territorio controvertido, no atacar; en uno abierto, no dispersarse.

13. Si estáis en un territorio focal, estableced alianzas con los Estados vecinos. Si os encontráis en uno significativo, saquead.

14. En terreno desfavorable, avanzad tan deprisa como sea posible; en el cercado, inventad estratagemas; en territorio mortal, combatid.

15. Si estoy en territorio dispersivo, verificaré la determinación de mi ejército.

16. Si se trata de territorio fronterizo, reforzaré los vínculos entre mis tropas.

17. En territorio controvertido, me aseguraré de que la retaguardia me siga siempre.

18. Si me encuentro en terreno abierto, pondré especial atención en organizar mi defensa.

19. En un territorio focal estableceré alianzas.

20. Si me encuentro en territorio significativo, me aseguraré de que el suministro de provisiones sea ininterrumpido.

21. En territorio desfavorable se deben recorrer los caminos con la mayor celeridad.

22. En terreno cercado habrá que bloquear todas las entradas y salidas posibles.

23. En territorio mortal, informad a todos de que no hay vía de escape: está en la naturaleza del soldado resistir cuando está rodeado,

combatir hasta la muerte si no hay alternativa y obedecer ciegamente cuando no hay esperanza.

24. El general experto debe analizar con sumo cuidado las variaciones tácticas a aplicar en cada tipo de territorio, las ventajas que pueden derivarse del despliegue en orden cerrado o abierto y las consideraciones vinculadas a la naturaleza del terreno.

25. Antiguamente, quienes tenían fama de expertos en la guerra impedían que el enemigo agrupara su vanguardia y su retaguardia, sus grandes y pequeños despliegues, que las tropas fuertes socorrieran a las débiles, y la unión de superiores y subordinados.

26. Cuando las fuerzas enemigas se dispersaban, hacían todo lo necesario para sumirlas en la confusión.

27. Concentraban a las tropas y marchaban si consideraban que era ventajoso hacerlo; en caso contrario, las contenían.

28. Si me preguntasen: «¿Cómo debo comportarme ante un ejército enemigo ordenado y a punto de atacar?», respondería: «Apodérate de alguna cosa que el enemigo aprecie y se plegará a tus deseos».

29. La esencia de la guerra es la velocidad. Permite obtener ventaja sobre el enemigo desprevenido al tomar caminos imprevistos y golpearle allí donde no haya erigido defensas.

30. Las principales consideraciones que se aplican a una fuerza invasora son las siguientes. Cuanto más profundamente se penetre en territorio enemigo, con mayor fuerza se ha de actuar: hasta el punto en que quien defiendo el territorio no pueda oponer resistencia.

31. Saquead los campos fértiles para que vuestro ejército disponga de abundantes provisiones. Aseguraos de que vuestras tropas estén siempre bien alimentadas.

32. No hay que fatigarse sin motivo: cuida de tu salud, reserva energías, haz acopio de fuerzas. Define tus planes y dirige los movimientos del ejército sin que se conozca tu estrategia.

33. Situad a los soldados en posiciones elevadas, sin posibilidad de huida, y verán la muerte: si están dispuestos a morir, ¿qué no serían capaces de hacer? Es en las situaciones desesperadas cuando oficiales y soldados pierden el miedo y dan lo mejor de sí mismos. Sin escapatoria posible, se defenderán con uñas y dientes. Comprometidos, combatirán a fondo. Sin alternativa, lucharán hasta el final.

34. En circunstancias similares, las tropas están alerta aunque no se les pida. Toman posiciones sin necesidad de desplegarlas. Permanecen unidas sin que sea preciso exhortarlas a hacerlo. Mantienen la disciplina sin que hagan falta amenazas.

35. Mis generales no poseen riquezas en exceso, porque desdeñan los bienes terrenales. No esperan vivir muchos años, pero no por ello dejan de amar la vida.

36. El día en que el ejército recibe la orden de ponerse en marcha, las lágrimas de quien está sentado caen hasta bañar su cuello; las lágrimas de quien está acostado corren a lo largo de sus mejillas.

▼ *Incluso hoy en día, las poblaciones nómadas de Mongolia migran por las grandes estepas de Asia Central en busca de nuevos pastos para sus manadas de caballos y ovejas, llevando consigo todos sus bienes, incluida la vivienda, la yurta, cilíndrica y de techo cónico, compuesta de una armazón de palos de madera con una cobertura externa de tela o pieles de animal.*

37. Pero si colocas a tus tropas en una situación sin salida, darán seguramente prueba de un coraje inmortal, como el de Ciuan Ciu y el de Z'ao Kuei.

38. Recuerda que has de servirte de la tropa más valerosa como la serpiente del monte Chang. Reacción simultánea: si la golpeas en la cabeza, ataca con la cola; si la golpeas en la cola, ataca con la cabeza; si la golpeas en el centro, cabeza y cola se atacan la una a la otra.

39. Si me preguntaran: «¿Podrán las tropas actuar con la rapidez de la víbora?». Respondería: «Sí, podrán. Porque incluso la gente de Wu y Yueh, vecinos que se detestan, si se encontraran juntos en una misma barca presa del viento, colaborarían en la salvación común, como la mano derecha colabora con la izquierda».

40. Embridar a los caballos y hundir las ruedas de los carros no es de gran ayuda.

41. Une a tus hombres, armoniza sus espíritus: es el Tao de la organización. Vence empleando lo directo y lo sesgado. Explota el conocimiento del terreno.

42. El general experto hace de su ejército un todo anónimo. De este modo, mandar sobre muchos efectivos es como estar al mando de uno, que debe hacer lo que deseéis.

43. Es deber del general mantenerse sereno, impasible, imparcial y seguro de sí mismo.

44. Oculta a los oficiales y a la tropa los planes que tengas en mente.

45. Prohibid la adivinación y las prácticas supersticiosas, y liberad al ejército de toda incertidumbre. Este no

Los ejércitos mongoles atacaban al adversario en el más completo silencio, guiados solo por banderas de diferentes colores y realizando maniobras complejas con la máxima coordinación.

La primera guerra del opio entre los imperios británico y chino terminó con la firma del Tratado de Nankín de 1842, que suponía la cesión perpetua de Hong Kong a la corona inglesa y la apertura de cinco puertos: Cantón, Foochow, Ningbo, Amoy y Shanghái. ▶

pensará en abandonaros hasta su muerte.

46. Adecua tus métodos y modifica tus planes con tal secreto que nadie pueda saber qué estás haciendo.

47. Cambia la disposición de los campamentos y utiliza caminos inesperados para que al enemigo le resulte imposible prever tus movimientos.

48. Tomada una decisión, el general actúa como quien, después de encaramarse a una altura, tira la escalera.

49. Haz que su ejército penetre en profundidad en territorio hostil y, cuando lo haya hecho, dispara la ballesta.

50. Incendiad los barcos del enemigo, destruid su infraestructura de aprovisionamiento, empuja a los hombres como a un rebaño de ovejas, primero en una dirección, después en la otra: nadie podrá imaginar adónde te diriges.

51. El general organiza la formación y la guía a través de un millar de peligros: este es su cometido. Examina las oportunidades de diversos terrenos, las ventajas de avanzar o retirarse, la moral de sus hombres y su estado de salud.

52. Si se desconocen las intenciones de los Estados vecinos, no es posible establecer alianzas. Si no se conoce la naturaleza de la montaña, los desfiladeros más peligrosos, los pantanos y marismas,

El franciscano Giovanni da Pian del Carpine fue uno de los primeros europeos en entrar en contacto con los mongoles y, una vez de vuelta de su expedición diplomático-misionera, narró su experiencia en la Historia mongalorum.

no es posible guiar el avance de un ejército. Si no contamos con guías locales, no es posible aprovechar las ventajas que pueda ofrecer el territorio. Un general que desconozca cualquiera de estas tres cosas, no puede estar al mando de un ejército.

53. Cuando un general experto ataca a un Estado poderoso, debe evitar que sus habitantes concentren sus fuerzas. Aterrorizar al enemigo impide a este unirse a sus aliados.

54. Por ello, si no estableces alianzas y no refuerzas tu dominio, y te contentas con aumentar tu influencia personal amenazando al enemigo, tu Estado y tu ciudad se volverán vulnerables.

55. Corrompe a todo adversario que se preste con ofrecimientos, regalos y promesas. Destruye la confianza entre sus oficiales: induce a los mejores entre ellos a realizar acciones vergonzosas y viles, y no dejes de divulgarlas.

56. Establece relaciones secretas con quienes sean menos recomendables para el enemigo y multiplica el número de tales agentes.

57. Genera discordia en el Estado adversario, siembra la desconfianza entre sus jefes, alienta sus envidias y su recelo, provoca indisciplina, suscita motivos de descontento creando problemas para el abastecimiento de víveres y provisiones.

58. Haz que el corazón de las tropas se vuelva tierno y sensible con ayuda de la música, envía al enemigo mujeres que lo corrompan.

59. Cuida de que los soldados nunca estén donde deberían: ausentes cuando deberían estar presentes, en descanso cuando deberían estar en primera línea.

60. Agobia al enemigo con falsas alarmas e informaciones; gana para tu causa a los administradores y gobernantes de las provincias rivales. Hay que proceder con destreza y astucia para crear dificultades.

▼ *El emperador Qianlong ordenó a Giuseppe Castiglione, Jean Denis Attiret, Ignatius Sichelbart y Giovanni Damasceno una serie de grabados sobre cobre que ilustraran sus principales gestas militares.*

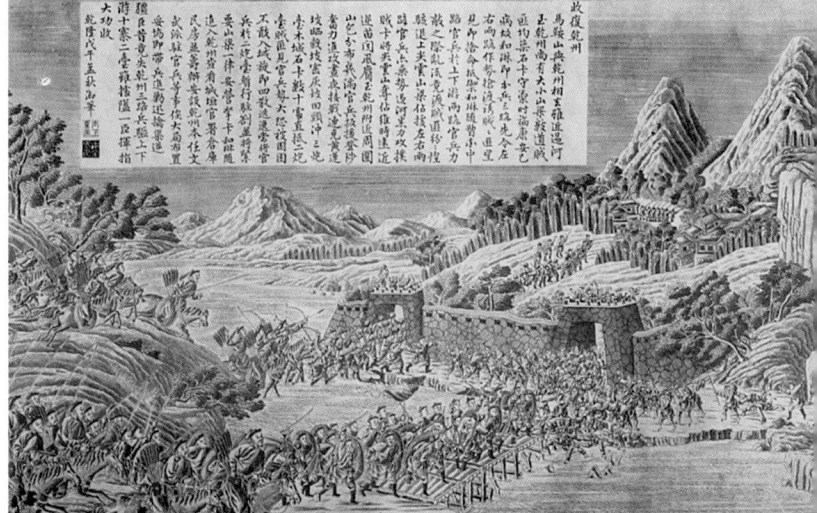

▲ *Los grabados encargados por el emperador Qianlong servían para glorificar su gobierno y para ejercer su control sobre la historiografía china.*

61. Concede recompensas sin preocuparte de los usos habituales. Dicta tus disposiciones sin tomar en cuenta las precedentes.

62. Haz maniobrar al ejército como si fuera un solo hombre. Guíalo sin discutir tus objetivos. Incentívalo con la perspectiva de obtener beneficios, pero mantenlo alejado del peligro.

63. Enfrenta a tus hombres al peligro: comprobarás que sobreviven. Condúcelos a territorio mortal: sobrevivirán. Ante el peligro extremo la derrota se puede transformar en victoria.

64. Recordad: lo más complicado en las operaciones militares es adecuar la propia estrategia a las intenciones del adversario.

65. Concéntrate en el enemigo y hasta a una distancia de mil *li* podrás matar a su general. Esto es lo que significa ser hábil en el arte de la guerra.

66. Una vez declarado el conflicto, cierra las valijas, rompe las tablillas de identificación y rechaza a los emisarios del enemigo. Las decisiones bélicas corresponden solo al cuartel general.

67. Si el enemigo te ofrece una ocasión de sacar ventaja, explótala de inmediato. Actúa antes que él, ocupando el primero alguno de sus objetivos.

68. El arte de la guerra consiste en estar al corriente de la situación de tu adversario con el fin de decidir razonadamente sobre el combate.

69. Al principio, sé tímido como una doncella y se te abrirán las puertas. Después, actúa rápidamente y nadie podrá hacerte retroceder.

Gengis Kan no fue solo un ▶ *guerrero; se dejó conquistar por las culturas china y musulmana, a las que tuvo presentes para crear las leyes para los pueblos por él sometidos, inspirándose en el modelo de civilización que consideraba más avanzado. En 1211, Gengis Kan derrotó al ejército chino atrincherado sobre el paso Huan-erh-tsui, guiado por el general Zhizhong, gracias a sus arqueros. Fue una de las victorias más importantes del emperador mongol.*

EL FUEGO

Sun Tzu señala cinco formas de utilizar el fuego como arma en los enfrentamientos. El primero es arrasar a los soldados cuando están en el campo; el segundo consiste en quemar las provisiones; el tercero es incendiar los carros de transporte; el cuarto es prender fuego a los arsenales y las municiones; el quinto es lanzar estopa ardiendo sobre el enemigo. No obstante, el estratega recuerda a los generales que el uso del fuego es muy peligroso, porque la evolución de un incendio puede ser impredecible si no se adoptan las disposiciones que él, puntualmente, enumera. En la parte final del capítulo, Sun Tzu vuelve a su concepto principal: recurrir a la guerra solo cuando sea necesario, y solo después de haber evaluado todos los riesgos e implicaciones que comporta una resolución tan irremediable. No dejarse nunca llevar por la ira: una decisión tomada en un momento equivocado puede ser deletérea para un Estado, porque no hay posibilidad de remediarla. «De hecho, si bien un hombre encolerizado puede recuperar la calma y un hombre ofendido puede serenarse, un Estado hecho pedazos no puede ser recompuesto, ni es posible devolver la vida a los muertos».

1. Los sistemas de ataque con proyectiles incendiarios son cinco: lanzarlos contra personas, contra las provisiones, contra el equipamiento, contra el campamento y contra el arsenal.

2. Para emplear el fuego es necesario disponer de los medios adecuados y esperar el clima propicio: árido y ventoso.

3. El equipamiento para realizar un ataque con fuego debe estar siempre listo.

4. Cuatro son los climas y los días apropiados para utilizar el fuego.

5. *Climas* significa cuando hace un calor abrasador; *días* significa cuando la luna esté en las constelaciones de Cedazo (Sagitario), Alas (Corvus), Muro (Pegaso/Andrómeda) o Carro (Osa Mayor), porque son días en los que se levanta el viento.

6. No olvidéis que en los ataques con fuego hay que

estar listos para responder a los cambios de situación.

7. Si el fuego prende en el campo enemigo, coordina de inmediato tus acciones desde fuera. Pero si las tropas enemigas conservan el orden, no ataques: espera el momento oportuno.

8. Cuando el fuego alcance su máxima altura, ataca si puedes. De lo contrario, retrasa el movimiento.

9. Si se atiza el incendio fuera del campo enemigo, no esperéis a que las llamas lleguen al campamento.

Incendiad en el momento oportuno.

10. Si el fuego estalla con fuerza a favor del viento, no ataquéis por sotavento.

11. Si el viento sopla durante el día, durante la noche amainará.

12. Recordad: el ejército debe conocer las situaciones que generan los cinco diferentes sistemas de ataque con fuego y estar en condiciones de escoger la ocasión oportuna.

13. Quien emplea el fuego para sustentar su propio ataque

◀ *La lanza de fuego, una de las primeras armas con pólvora utilizadas por los chinos, consistía en un tubo lanzaproyectiles.*

▼ *Los pueblos europeos, algunos siglos más tarde, perfeccionaron su uso, inventando primero el arcabuz, antecesor del fusil, y después los cañones, mucho más potentes.*

es sagaz; quien emplea las inundaciones es poderoso.

14. El agua puede aislar a un enemigo, pero no destruirlo.

15. Es muy negativo vencer en la batalla y alcanzar los propios objetivos militares, pero olvidarse de aprovechar los resultados. Puede definirse como una «negligencia desastrosa».

16. No entregar la merecida recompensa tras una batalla victoriosa o un asedio culminado con éxito tiene un efecto negativo, y hará que os consideren unos avaros.

17. Es por esto por lo que se dice: los soberanos ilustrados deciden la guerra; los buenos generales realizan los planes.

18. Actuad siempre en interés del Estado. Si no estáis seguros del éxito, no empleéis hombres. Si no estáis en peligro, no combatáis.

19. Un soberano no puede movilizar un ejército movido solo por un acceso de ira, ni un general combatir por estar invadido por la cólera. De hecho, mientras que

un hombre encolerizado puede recuperar la calma y un hombre agraviado puede serenarse, un Estado hecho pedazos no puede recomponerse, ni es posible devolver a los muertos la vida.

20. El soberano ilustrado es, por tanto, prudente, y el buen general le pone en guardia contra las acciones temerarias. De este modo, el Estado está seguro y la fuerza militar permanece integrada.

Marco Polo fue uno de los primeros occidentales en entrar en contacto con el Imperio chino. En 1275 llegó hasta la corte de Kublai Kan y permaneció allí hasta 1292. Durante toda su estancia junto a la corte mogola, Marco desarrolló, por cuenta del emperador, actividades administrativas, largas y delicadas embajadas y encargos diplomáticos de prestigio.

LOS ESPÍAS

Si tenemos en cuenta los valores de lealtad y caballerosidad, que tan a menudo esgrimían hipócritamente muchas de las partes, el pragmatismo de Sun Tzu le lleva a un terreno muy delicado. En realidad, Sun Tzu solo es culpable de repetir lo que habían hecho todos siempre, y continuaban haciendo, aunque no estuvieran dispuestos a admitirlo. Si el fin justifica los medios, como sugiere también Maquiavelo, el objetivo de un general es vencer, a ser posible sin desperdiciar vidas humanas y recursos del Estado. Para ello, recurrir al espionaje para facilitar la victoria no solo es un deber militar, sino también moral. La información, pues, es el bien absoluto a pesar de que para obtenerla haya que emplear a un espía o los servicios de un traidor. Un general que persigue la victoria no puede consultar a las estrellas, sino que debe tener los bies bien plantados en tierra.

1. Recuerda: cuando se moviliza un ejército de cien mil hombres a mil *li* del Estado, los gastos que genera al pueblo, desembolsados por el erario público, suman un total de mil piezas de oro al día. Pueden ser necesarios años de guerra a cambio de un día de gloria. Surgirá un enorme descontento, ya sea interior o exterior, el pueblo quedará aplastado por los impuestos y la economía de setecientas mil familias se verá comprometida.

2. No recurrir a agentes secretos hábiles para obtener información sobre el enemigo y combatir durante años, es, pues, una actitud que va contra el pueblo, es indigna de un general, de la rectitud de un consejero del soberano y de una persona que podría alcanzar la victoria.

3. De hecho, lo que permite a un príncipe sabio y a un general experto someter al enemigo y conseguir resultados extraordinarios, es la capacidad de previsión.

4. Pero la «capacidad de previsión» no es un don de los dioses, ni se alcanza consultando a fantasmales espíritus, sino con razonamientos y cálculos. Se alcanza contratando hombres que informen sobre la situación del enemigo.

5. Son cinco los tipos de espías: el local, el infiltrado, el espía doble, el sacrificable o desechable y el superviviente.

6. Cuando estos cinco tipos trabajan coordinadamente y no hay riesgo de que puedan ser descubiertos, constituyen una especie de «red divina» y son un gran tesoro para un gobernante.

7. Los espías locales son reclutados en territorio enemigo.

8. Los infiltrados son reclutados entre los funcionarios del adversario.

9. Los agentes dobles son espías enemigos, a los cuales hemos colocado a nuestro servicio.

10. Los agentes desechables son aquellos que difunden información falsa entre los espías enemigos.

11. Los agentes supervivientes son los que se arriesgan a volver portando información.

12. Entre todo el personal que en el ejército está íntimamente ligado al comandante, ninguno lo está más que el espía. No hay nada más reservado que lo concerniente a operaciones secretas.

13. Quien no sea perspicaz e inteligente, benevolente y justo, no podrá sacar el debido partido al espía: no se obtiene información útil de agentes carentes de inteligencia.

14. ¡Difícil arte! ¡En verdad difícil! No hay circunstancia alguna en la que no se use el espionaje.

15. Si los planes relativos a las operaciones secretas son divulgados, el espía que haya hablado se ha sentenciado él mismo a muerte, junto con todos aquellos a los que se haya confiado.

16. Tanto si deseáis derrotar ejércitos, atacar ciudades o asesinar enemigos, lo primero es conocer la identidad del comandante, de los oficiales del Estado Mayor, de los aliados que vigilan las entradas. Es cometido de vuestros espías proporcionaros información detallada sobre todas estas cosas.

17. Debéis identificar a los agentes enemigos llegados para espiaros, e intentar sobornarlos para que se pongan a vuestro servicio. Confiadles las instrucciones

▼ Durante la guerra chino-japonesa (1894-1895), el ejército japonés fue acusado de masacrar a miles de civiles chinos en la ciudad de Lüshunkou (que más adelante se convertiría en Port Arthur).

oportunas y supervisad con atención su comportamiento Es así como se recluta, y después se utiliza, a los espías conversos o agentes dobles.

18. Gracias a los agentes dobles, su información y sus sugerencias, se recluta y emplea a los espías infiltrados.

19. A través del agente doble, el espía sacrificable, transmisor de información falsa, es enviado al enemigo para que comunique esta.

20. También por medio del agente doble se puede utilizar, en el momento oportuno, a los espías supervivientes.

21. El comandante ha de tener pleno conocimiento de estos cinco tipos de espías, conocimiento proporcionado por el espía doble. Por esta razón, debe hacer gala de la mayor generosidad hacia él.

22. En la antigüedad, el ascenso de la dinastía Yin (Jin o Shang) se debió a Yi Zhi (Yi Yin), que previamente había servido a los Hsia (Xia); la dinastía Zhou (Chou) conquistó el poder gracias a Lu Wang Yu (Lu Ya), anterior funcionario de los Yin.

▲ *El general Guan Yu con su arma preferida, el guan dao, un arma de asta similar a una guadaña usada por la infantería medieval oriental. Con esta arma, Guan Yu derrotó en duelo a más de treinta adversarios.*

23. Un soberano sabio y un general hábil, capaces de seleccionar para las operaciones secretas a los hombres más inteligentes, pueden estar seguros del éxito. Las operaciones secretas son cruciales en la guerra: cualquier movimiento deberá estar basado en ellas.